AF358895

ACCUSATIONS

DE SUPPRESSION DE MINUTES,

D'ABUS DE CONFIANCE,

D'USURE,

DE FAUX :

CONTRE

Le Sieur DUBREUILH, ancien Notaire au Châtelet
de Paris, détenu dans les prisons du Grand-Châtelet.

A PARIS.

1 7 8 6.

MÉMOIRE

POUR le Chevalier CHAUVETON DE SAINT-LÉGER, ancien Mousquetaire de la Garde du Roi, & ancien Lieutenant au Régiment de Chartres ;

CONTRE le sieur DUBREUILH, ancien Notaire au Châtelet de Paris, détenu dans les Prisons du Grand-Châtelet.

TOURNELLE.

LORSQU'UNE accusation grave s'élève contre un Citoyen, à l'instant l'opinion publique s'empare de l'accusé ; elle le fait comparoître à son Tribunal, l'interroge sur ce qu'il a été & sur ce qu'il a fait, l'absout ou le condamne, & semble donner aux Arrêts qu'elle

A

prononce une forte d'authenticité & d'irrévocabilité même.

Mais lorfque le moment de la juftice arrive, tout rentre dans l'ordre; l'opinion fe tait pour ne plus écouter que la loi ; le tribunal du public fe renverfe de lui même, & celui des Magiftrats plus durable & plus jufte prend fa place.

Qu'on oublie donc tout ce que cette opinion a eu de favorable pour les accufateurs du fieur Dubreuilh ; qu'on oublie tout ce qu'elle a dénoncé contre ce Notaire, d'abus, de manœuvres criminelles, de prévarications, de délits de toute efpèce. Nous le demandons nous-mêmes. Qu'avons-nous befoin des préventions qui pourroient nous fervir auprès de la Juftice, lorfque nous avons affez des preuves qui doivent la convaincre ?

Ces preuves, nous les apportons; & cependant, qu'on ne le perde pas de vue, nous ne pouvons préfenter encore qu'une partie de celles qui exiftent. Un Arrêt du 21 Janvier dernier a ôté aux accufateurs du fieur Dubreuilh, la faculté de raffembler toutes celles dont ils auroient pu faire ufage. Ils n'avoient *demandé & obtenu* la permiffion de faire décrire tous les papiers, tous les effets de l'accufé, que pour fe procurer l'affemblage complet de ces preuves. Néanmoins il leur a été ordonné dans la fuite de les apporter avant le parachevement de la defcription. ils obéiffent.

Mais le fieur Dubreuilh paroît avoir compté un peu trop fur les avantages qui réfultoient pour lui d'un pareil Arrêt. Il s'eft paré d'une confiance qui auroit pu en impofer à la Juftice même. Son courage feroit-il celui de l'innocence qui fe défend, ou du crime qui n'a d'autre reffource que l'audace ? Voilà ce qui ne fera pas difficile à démêler.

Au refte, quel que foit le fieur Dubreuilh, innocent ou criminel, il a befoin de tout fon courage. Trois accufateurs paroiffent à-la-fois contre lui ; un quatrième, plus terrible encore que les autres, le miniftère public, lui reprochera de nouveaux délits, formera de fes accufations & des nôtres un feul faifceau, le dépofera entre les mains des Magiftrats ; & c'eft alors qu'on jugera fi les cinq décrets, qui retiennent le fieur Dubreuilh dans les fers, doivent être anéantis.

F A I T S.

Ce n'eft point ici le moment de rendre compte de tous les délits dont le fieur Dubreuilh s'eft rendu coupable envers le Chevalier de Saint-Léger ; on en verra le détail, lorfque nous ferons arrivés à la difcuffion des accufations : bornons-nous à en donner ici une idée générale & fuccincte.

En 1783, le Chevalier de Saint-Léger, preffé par le befoin d'argent, fut adreffé au fieur Dubreuilh, comme à un homme qui en prêtoit volontiers, pourvu qu'on le laiffât maître des conditions. Un jeune homme de vingt-cinq à ving-fix ans, foible par toutes les paffions de fon âge, & jouiffant de tout fon bien, étoit une heureufe rencontre ; le fieur Dubreuilh en profita.

Mais prêter à de gros intérêts étoit une manière de s'enrichir trop ordinaire, & qui n'eft pas toujours fans

danger. Il fut que le Chevalier de Saint-Léger étoit propriétaire d'un nombre affez confidérable de rentes, tant
viagères que perpétuelles ; acheter ces rentes moyennant une fomme modique, étoit une opération plus
fûre & plus fimple ; il étoit Notaire, l'acte s'en pafferoit
chez lui ; un prête-nom feroit bientôt trouvé. Voilà
le plan que forma le fieur Dubreuilh.

Il en fait part au Chevalier de Saint-Léger ; celui-ci
confent à tout ; & il feroit extraordinaire qu'il en eût
été autrement ; il avoit befoin d'argent ; il falloit bien
fe foumettre à toutes les conditions.

Le fieur Dubreuilh abufa étrangement de ces befoins
que lui montroit le Chevalier de Saint-Léger. Il acquit
fucceffivement, au prix le plus vil, toutes les rentes
dont ce jeune homme étoit propriétaire, ne les paya
pas même le quart de leur valeur, & le dépouilla ainfi
en peu de temps de tout fon patrimoine : puis, comme
il connoiffoit l'impuiffance où étoit le Chevalier de
Saint-Léger d'aliéner fon bien, à caufe d'un teftament
qui lui en ôtoit la liberté avant l'âge de trente ans, &
dont nous aurons occafion de parler, il lui faifoit foufcrire une multitude d'actes, qui étoient autant de précautions qu'il employoit pour ne pas perdre le fruit de
fes coupables manœuvres. Ainfi, par exemple, il fe
faifoit faire des *billets d'honneur*, le nom en blanc, en
vertu defquels il pût exiger, du Chevalier de Saint-Léger, une fomme égale à celle que la refcifion des actes
pourroit le forcer de reftituer..... Il fe faifoit faire des
billets d'honneur, par lefquels le Chevalier de Saint-Léger
s'engageoit à ratifier, en majorité, tous les actes qu'il
avoit paffés..... Il fuppofoit, pour caution du Chevalier de Saint-Léger, un homme compétent du Tribunal

de MM. les Maréchaux de France; faifoit foufcrire, par le débiteur, un *billet d'honneur* au profit de cette caution fuppofée & dont le nom étoit *en blanc*; enforte que dans le cas de la refcifion des actes, le fieur Dubreuilh n'auroit couru aucuns rifques; la caution auroit été obligée de payer; & en vertu *du billet d'honneur*, le Chevalier de Saint-Léger auroit payé la caution..... Il faifoit figner, à ce même jeune homme, un acte portant pouvoir de ratifier tous ceux qu'il venoit de paffer; & le nom du fondé de procuration, les dates & le lieu, tout cela étoit en *blanc*, afin qu'à l'époque où le Chevalier de Saint-Léger auroit acquis trente ans, on pût remplir tous les *blancs*, dater l'acte du lieu où il feroit, écrire le nom du fondé de procuration, & faire à l'inftant les différentes ratifications qui puffent mettre le fieur Dubreuilh à l'abri de toute efpèce de recherches.

Voilà les précautions par lefquelles il cherchoit à fe ménager le fruit de fes manœuvres; & obfervons qu'elles étoient toutes relatives au même objet, aux actes par lefquels le Chevalier de Saint-Léger avoit aliéné fes rentes. Tant de précautions réunies prouveroient donc feules les intentions frauduleufes du fieur Dubreuilh, s'il avoit oublié de nous en laiffer d'autres preuves.

Au refte, il ne s'en eft pas tenu aux délits que nous venons de rapporter. S'il trouvoit, dans les actes déjà fignés par les Parties, quelques claufes qui ne lui convenoient pas, il ne fe gênoit point pour les réformer, & ajoutoit ou retranchoit quelques mots à fon gré.

Mais ce n'auroit point été affez pour le fieur Dubreuilh de dépouiller le Chevalier de Saint-Léger de

toute fa fortune ; il a abufé des befoins & de la foi-
bleffe de ce jeune homme jufqu'à compromettre fon
honneur. Ce Notaire faifoit beaucoup d'opérations lu-
cratives & peu honnétes ; il en paffoit les actes dans fon
étude, laiffoit *en blanc* le nom d'une des Parties ; &
ce *blanc*, il le rempliffoit du nom du Chevalier de
Saint-Léger, après lui avoir fait figner les actes.

Il alloit même plus loin ; il lui faifoit figner d'avance
des actes écrits, foit fur papier timbré, foit fur papier
fimple, & pour avoir plus de facilité de changer un
jour le fens de ces actes, il écrivoit, par renvoi, les
mots rayés, en laiffoit le nombre en *blanc*, & para-
phoit le renvoi, de forte que voulant, dans la fuite,
fupprimer 2, 3, 4, 10, 20, 40 mots, il le pouvoit
fans peine, en rempliffant le *blanc* du nombre qui lui
convenoit le mieux.

Tant de manœuvres devoient avoir un terme ; &
ce terme arriva. Un cri général fe fit entendre prefque
dans le même temps contre le fieur Dubreuilh ; toutes
les victimes de fes déprédations demandèrent à la
Juftice de les venger, & prefque tous les Tribunaux
retentirent à la fois de la multitude effrayante de
fes délits.

Ce fut le 17 Avril 1785, que le Chevalier de Saint-
Léger rendit plainte contre lui. Il eft inutile de rendre compte de tous les détails de la procédure. Il
fuffit de dire que, fur la plainte du Chevalier de
Saint-Léger, le fieur Dubreuilh fut décrété de prife de
corps, & qu'il a appellé, tant de ce décret que de
quatre autres qui furent décernés contre lui, foit à la
requête de deux particuliers, foit à la requête du Miniftère public lui-même.

C'eſt l'appel de ces décrets qui eſt ſoumis aujour-
d'hui à la décifion de la Cour.

Les Magiſtrats ont donc à juger, ſi la procédure
extraordinaire, commencée contre le ſieur Dubreuilh,
doit être continuée, ou ſi l'on ne doit prendre contre lui que la voie civile.

M O Y E N S.

Les premières réflexions qui ſe préſentent à l'eſprit,
ſe tirent de la qualité même de l'accuſé. C'eſt un
Officier public, un homme que la Société avoit fait
ſon mandataire, un Miniſtre de la Loi, à qui la Loi
commandoit la vertu. Il eſt accuſé, non d'avoir fait
une faute, non d'avoir commis une erreur, non de
s'être rendu coupable de quelque imprudence; mais
d'avoir trahi la confiance d'un citoyen; d'avoir fait
ſervir ſon miniſtère à le tromper; d'avoir, par une
altération démontrée, porté atteinte à la foi des
conventions.

Les délits qu'il a commis s'aggrandiſſent donc en
raiſon de ce que la Société avoit droit d'attendre de
lui. S'il faut en effet que les Magiſtrats, gardiens
des Loix, ſoient irréprochables pour exercer l'au-
guſte Miniſtère qui leur eſt confié; ſi, pour être les
dépoſitaires de ces mêmes Loix publiques par leur
nature, & inaltérables par leur publicité même, on
exige d'eux la vertu la plus intacte, jugeons de ce
qu'on a droit d'exiger des Notaires. S'il pouvoit
y avoir une vertu d'un ordre ſupérieur à celle
qui doit réſider dans l'ame des Magiſtrats, ce ſeroit
aux Notaires qu'on la demanderoit. Il n'exiſte point,

comme pour les Loix, d'exemplaires publics des conventions dont ils font les dépofitaires ; c'eft à leur confcience feule qu'elles font recommandées. Leur confcience doit donc être auffi pure, que le dépôt qui leur eft confié eft important. Chez les Romains, les Hiftoriens nous apprennent que les Notaires étoient *les plus nobles & les plus riches des citoyens....* — Que chez nous & que par-tout, ils foient les plus hommes de bien ; qu'ils n'ambitionnent pas d'autre titre, puifqu'il eft de l'effence de leur état ; mais, comme ils ne prennent envers la Société, l'engagement de la fervir que fous la condition d'être vertueux, qu'ils foient punis de toute la rigueur des Loix, lorfqu'ils violent leurs engagemens.

Il faut, dit le fieur Dubreuilh, les preuves les plus fortes pour les accufer & pour les punir. Oui, fans doute ; la Loi même, entourant un Officier public de toutes les préfomptions de l'innocence, doit fe rendre difficile à le juger coupable.

Mais nous ne craignons pas d'être obligés de fournir les preuves les plus convaincantes ; nous les avons ; elles font claires ; elles font en grand nombre ; & l'on fera étonné que l'art, avec lequel le fieur Dubreuilh a dû cacher fes fraudes, ait pu fi mal le fervir.

Quatre chefs d'accufations réfultent de la plainte du Chevalier de Saint-Léger.

Accufation de *fuppreffion de minutes,*
Accufation d'*abus de confiance.*
Accufation d'*ufure.*
Accufation de *faux.*

Prouvons féparément chacunes de ces accufations.

§. Premier.

§. Premier.

Preuves de la suppreſſion de minutes.

La *suppreſſion de minutes* eſt un délit avéré. Le procès-verbal des Syndics des Notaires prouve que, plus de huit mois après que le ſieur Dubreuih eut vendu ſon Office, ils trouvèrent chez lui un très-grand nombre de minutes qui devoient appartenir à ſon ſucceſſeur. Certes, s'il n'en avoit point ſupprimé, celui à qui il a vendu ſon Office ne ſe feroit plaint d'aucun *déficit*, & le ſujet de cette plainte n'auroit point été confirmé par le procès-verbal des Syndics des Notaires. Il dira tout ce qu'il voudra ; mais on en croira davantage ce procès-verbal que ſes propres allégations.

Et quand pluſieurs de ces minutes auroient été retrouvées, comme il le prétend ; quand, ſuivant lui, il n'y en auroit que 19 de moins au lieu de 90, ce nombre ſuffit bien certainement pour que la ſuppreſſion ſoit conſtante.

Au reſte, ce n'eſt pas ſeulement par le procès-verbal des Syndics des Notaires qu'elle eſt démontrée. Les informations ayant découvert que le ſieur Dubreuilh avoit tranſporté frauduleuſement, chez une dame Gruel, rue Bourbon-Villeneuve, une grande partie de ſes papiers, le Commiſſaire, Rédacteur des informations, fut autoriſé à ſe tranſporter dans cette maiſon pour les ſaiſir ; & il ſaiſit en effet un nombre conſidérable & de minutes appartenant au ſucceſſeur du fieur Dubreuilh , & de titres de créances fouftraits aux créanciers.

Voilà donc la preuve la plus complette de la première accufation , c'eft-à-dire de la *fuppreffion de minutes*. Et le dol eft bien prouvé par ce tranfport de papiers, de minutes, de titres de créances dans une maifon étrangère. Si l'intention du fieur Dubreuilh n'eût pas été de les fouftraire ; s'il n'eût pas eu un intérêt quelconque à les fupprimer , qu'il dife pourquoi il ne les auroit pas laiffés chez lui, pourquoi il les auroit fait porter dans une maifon qui n'étoit point la fienne ?

On ne peut rien répondre de folide à cet argument ; on n'y répondra pas même par des fubtilités ; car heureufement l'évidence a quelquefois l'avantage de réduire au filence.

Mais le fieur Dubreuilh repouffe le Chevalier de Saint-Léger par le défaut d'intérêt. Vous n'avez point d'intérêt , lui dit-il, à vous plaindre de cette fuppreffion , de cette fouftraction de minutes. Le fieur Dubreuilh fe trompe. La minute du premier acte qu'il a fait foufcrire au Chevalier de Saint-Léger ; cette minute , fur laquelle il a commis le faux, que nous démontrerons tout-à-l'heure , a dû fe trouver au nombre des effets fouftraits ; & la preuve, c'eft lui-même qui la fournit. Lorfqu'il a voulu empêcher la defcription de fes effets, il difoit avec affurance dans une de fes Requêtes , que cette defcription étoit inutile, & il fe fondoit fur ce que la minute , réclamée par le Chevalier de Saint-Léger , n'étoit point dans fon cabinet , mais dans un carton dépofé au Greffe. Eh bien, ce carton ne renferme autre chofe que les papiers trouvés chez la dame Gruel, rue Bourbon-Villeneuve ; la minute dont il s'agit étoit donc, d'après le fieur Dubreuilh lui-même, au nombre des effets enlevés. Elle a donc auffi été enlevée, fupprimée ; & puifqu'elle concerne per-fonnellement le Chevalier de Saint-Léger , il a un véritable intérêt à s'en plaindre.

En un mot, le carton dépofé au Greffe, ne ren-ferme que les effets trouvés chez la dame Gruel, & par conféquent fouftraits & fupprimés ; la minute du Chevalier de Saint-Léger a dû fe trouver, de l'aveu même du fieur Dubreuilh, au nombre de ces effets ; elle a donc été fupprimée.

Cette fuppreffion étant conftante, y a-t-il quelque injuftice dans le décret de prife-de-corps décerné contre lui, à la requête du Chevalier de Saint-Léger ? Et parviendra-t-il à perfuader aux Magiftrats fupérieurs, ce qu'il ne fe perfuade certainement pas à lui-même ? Cette fuppreffion de minutes n'eft-t-elle pas un de ces délits dont la qualité exige l'inftruction extraor-dinaire ? C'eft un délit qui attente à la propriété des citoyens ; c'eft un délit commis par un Officier public , car le fieur Dubreuilh n'a pu fupprimer fes minutes , que lorfqu'il étoit encore Notaire ; il a donc abufé du dépôt qui lui étoit confié par la Loi ; & il ofe fe plaindre du décret de prife-de-corps ! Les premiers Juges ont fait ce qu'ils ont dû faire ; & les Magif-trats Souverains font trop attachés aux règles , pour ne pas confacrer un Jugement qui eft l'ouvrage de la Juftice.

Nous pourrions donc, à la rigueur, nous difpen-fer d'aller plus loin. Voilà un premier délit qui né-ceffitoit le décret de prife-de-corps lancé contre le fieur Dubreuilh, & qui rend illufoire l'appel qui en a été interjetté. Ceux que nous allons expofer ne ferviront donc pas à juftifier ce décret, dont la juftice & la néceffité font déjà démontrées, mais à faire voir la téméraire confiance du fieur Dubreuilh.

§. I I.

Preuves de l'Abus de confiance.

Sur cet objet, il y a un fi grand nombre de faits à préfenter, que nous fommes embarraffés de l'ordre dans lequel il faut les offrir. Occupons-nous d'abord de ceux qui font relatifs à l'enlèvement de la fortune du Chevalier de Saint-Léger.

Le fieur Dubreuilh commence par acquérir, de ce jeune homme, l'ufufruit de deux rentes, l'une, au principal de 1320 livres, l'autre au principal de 10,847 livres 4 fols, moyennant 2,250 livres, en lui réfervant toutes fois la faculté de rémére; mais trois mois après, il l'en fait défifter pour une fomme de 600 liv.; voilà donc une propriété de 12,167 l. qui ne coûte à ce Notaire que 2850 livres.

Quelque temps après cette opération, il fait encore foufcrire, au Chevalier de Saint-Léger, la vente d'une rente de 161 livres 12 fols 6 deniers, au principal de 1600 livres, moyennant la fomme de 483 liv.

Il reftoit au Chevalier de Saint-Léger 350 livres de rente perpétuelle, au principal de 7000 liv.; le fieur Dubreuilh s'en rend encore propriétaire, moyennant 189 livres 12 fols de rente viagère, qu'il fe charge de payer à l'acquit du vendeur, & 600 liv.

qu'il lui promet en argent ; ce contrat ne lui coûte donc que 2496 livres, & il gagne en un inftant 4504 livres.

Que doit-on penfer de ces léfions énormes commifes par un Officier public, dans des actes paffés à fon profit & pardevant lui, fi la preuve en eft acquife ?

Croira-t-on, comme le répète tant de fois le fieur Dubreuilh, qu'elles donnent lieu feulement à une action civile ? L'écoutera-t-on, lorfqu'il dit tranquillement au Chevalier de Saint-Léger, *prenez des Lettres de refcifion. Des Lettres de refcifion !....* On ne mettroit donc aucune différence entre des actes paffés de particulier à particulier pardevant un Notaire qui ne fait autre chofe que les recevoir, & des actes paffés entre un particulier & un Notaire, pardevant ce même Notaire qui y eft partie ? Nous difons, *qui y eft partie* ; car le fieur Dubreuilh convient des prête-noms qu'il employoit pour ces actes, il convient qu'ils étoient paffés à fon profit. Quoi donc ! il eft défendu, en général, à un Notaire de recevoir aucun contrat où fes coufins-germains, fes autres plus proches parens, fes domeftiques fe trouvent intéreffés, & il pourroit impunément en recevoir où il feroit intéreffé lui-même ! La Loi l'auroit cru plus impaffible, lorfqu'il s'agit de fes propres intérêts, que lorfqu'il s'agit des intérêts de fes proches ! Mais ne feroit-ce point là une contradiction qu'il ne doit pas être feulement permis de lui fuppofer ? Si la crainte de la partialité l'a déterminée à défendre aux Notaires de paffer les actes qui concernent tous ceux qui peuvent les intéreffer, à plus forte raifon doit-il leur être défendu de recevoir ceux qui les intéreffent eux-mêmes.

Elle a fenti qu'écrivant les actes qui les concernent, les confervant lorfqu'il font écrits, ils pourroient, à leur gré, & dans tous les temps, les altérer ou les détruire. Sa défenfe eft donc appuyée fur les motifs les plus fages, & ne peut pas s'exécuter avec trop de rigueur.

Cependant le fieur Dubreuilh s'eft cru permis de la braver ; il eft donc coupable, d'abord parce qu'il a léfé le Chevalier de Saint-Léger, comme nous le prouverons tout-à-l'heure ; plus coupable encore, parce que c'eft lui qui a reçu les actes où fe trouvent ces léfions. Il a fait fervir fon miniftère à tromper un jeune homme, à commettre un délit grave. Eft-ce donc par des Lettres, de refcifion feulement qu'il eft permis de l'attaquer ?

Vous étiez majeur, s'écrie hardiment le fieur Dubreuilh...... Et quand cela feroit, en feriez - vous moins coupable, & pour avoir trompé le Chevalier de Saint-Léger, & pour être contrevenu à une défenfe expreffe de la Loi ?... Mais, non, le Chevalier de Saint-Léger ne l'étoit point, majeur. Un teftament de fon grand-père lui défendoit d'aliéner fes rentes avant l'âge de trente ans ; & le fieur Dubreuilh, qui les a achetées, connoiffoit ce teftament : cela eft prouvé, & parce que cet acte s'eft trouvé fous les fcellés, ainfi qu'une expédition de la liquidation de la fucceffion de Louis Chauveton de Saint-Léger qui fait mention du teftament, & parce que le fieur Dubreuilh a pris toutes les précautions que la fraude a pu lui fuggérer pour que le Chevalier de Saint-Léger ratifiât, à l'âge de trente ans, tous les actes qu'il lui avoit fait foufcrire.

Réfléchiffons maintenant fur cette conduite du

fieur Dubreuilh : il connoiſſoit le teſtament, & il a acheté les rentes ! Lui, Officier public; lui, Notaire; lui, qui par état connoiſſoit tout le reſpect que l'on doit aux actes; lui qui devoit apprendre au Chevalier de Saint-Léger à les reſpecter, c'eſt lui qui les viole ! Et voilà dans le même inſtant un double abus de ſon miniſtère. Il paſſe à ſon profit un acte qu'il ne lui étoit point permis de recevoir lui-même; il le paſſe contre la diſpoſition expreſſe d'un teſtament qu'il connoiſſoit. C'eſt par ces deux eſpèces de délits qu'il opère la léſion dont on ſe plaint, & il *ne ſera permis de l'attaquer que par la voie des Lettres de reſciſion* ! S'il a criminellement trompé le Chevalier de Saint-Léger, celui ci avoit bien certainement une action criminelle contre lui; or, les voies criminelles qu'a employées le fieur Dubreuilh ſont prouvées ; il ne s'agit plus que de prouver la léſion.

D'abord le fieur de Seigne a dû en dépoſer; il a dû déclarer qu'au lieu de cinq années d'arrérages, prix du tranſport des deux rentes ſur les Cuirs & Gabelles, le fieur Dubreuilh n'en avoit payé que trois ; & le fieur de Seigne n'eſt point un témoin unique, comme l'a prétendu ce Notaire.

Le fieur Roſe de Saint-Jules, Lieutenant au bataillon de garniſon du Régiment de Boullonois, a dû dépoſer que le fieur Dubreuilh a *uſuré, autant qu'il eſt poſſible de le faire, le fieur de Saint-Léger , & qu'il a mis beaucoup de déſordre dans ſa fortune.*

Voilà donc deux témoins qui s'accordent ſur le fait des léſions conſidérables que le fieur Dubreuilh a fait éprouver au Chevalier de Saint-Léger.

Mais voici une autorité moins fufpecte & plus impofante pour ce Notaire ; la fienne propre.

Nous ouvrons un Mémoire imprimé, qu'il a fait courir dans Paris l'année dernière ; & au fujet des rentes qu'il a acquifes du Chevalier de Saint-Léger, nous lifons ces mots (1) : *Il les a achetées tout ce qu'elles valoient, eu égard aux dangers qu'il y avoit à courir, & à l'incertitude de la validité de la vente.* Ces mots font précieux : *Il les a achetées tout ce qu'elles valoient, eu égard, &c.* Il les a donc achetées au-deffous de la valeur qu'elles auroient eu, SANS les dangers à courir, & fans l'incertitude de la validité de la vente. Voilà le véritable fens de la phrafe qu'on vient de lire. Cependant c'eft la valeur même des contrats qui eft portée dans les actes de vente ; c'eft parce que cette valeur y eft portée, qu'à l'audience on a fi fouvent & fi fortement infifté fur la foi due aux actes, fur l'impoffibilité de détruire la confiance qu'ils méritent. Il eft donc bien démontré qu'on a porté dans les actes un prix plus confidérable que celui qui a été remis au Chevalier de Saint-Léger, & c'eft le fieur Dubreuilh lui-même qui en convient.

Continuant la lecture du même Mémoire, quelques lignes plus bas, nous lifons ces autres mots : *QUAND IL EUT PAYÉ VINGT FOIS MOINS, ce feroit encore lui qui feroit la dupe du Chevalier de Saint-Léger. QUAND IL EUT PAYÉ VINGT FOIS MOINS !* Cela fignifie bien clairement qu'il a payé quelque chofe de moins que la valeur des rentes ; & comme c'eft leur valeur, telle qu'elle eft portée dans les contrats, qui eft auffi portée

______

(1) Voyez page 4.

dans

dans les actes de vente, il s'enfuit qu'on a énoncé, dans ces actes, une fomme plus forte que celle qui a été réellement payée au Chevalier de Saint-Léger ; & c'eft le fieur Dubreuilh lui-même qui en convient.

Mais s'il convient lui-même qu'il a payé moins que ce qui eft énoncé dans les actes, il s'enfuit donc, d'après lui-même encore, qu'il a commis un faux, en énonçant une fomme plus forte que celle qu'il payoit.

Ainfi, nous voyons quatre délits bien diftincts & bien caractérifés dans l'acquifition, faite par le fieur Dubreuilh, des rentes appartenant au Chevalier de Saint-Léger.

C'eft lui qui a acheté ces rentes ; & l'acte eft paffé pardevant lui. Premier délit.

Il achete ces rentes ; l'acte eft paffé pardevant lui ; & il connoiffoit le teftament de l'ayeul qui vouloit que fon petit-fils ne pût les aliéner avant l'âge de trente ans. Second délit.

Il abufe ainfi doublement de fon miniftère, & en bravant la difpofition de la Loi, qui défend à un Notaire de recevoir un acte paffé à fon profit, & en bravant la difpofition d'un teftateur dont il devoit refpecter la volonté, pour tromper le Chevalier de Saint-Léger, & acheter ces rentes au-deffous de leur valeur. Troisieme délit.

Il achete ces rentes au-deffous de leur valeur ; & cependant il porte, dans les actes de vente, la valeur même portée dans les contrats. Quatrieme délit.

Voilà donc quatre délits commis à la fois par le fieur Dubreuilh dans la même opération, c'eft à-dire dans l'acquifition des rentes du Chevalier de Saint-Léger ; & fi chacun, féparément, a un caractère grave aux yeux de la Loi , il s'aggrandit encore par le concours des trois autres.

On ne dira pas que ces délits ne font point prouvés. Le fait des actes reçus par le fieur Dubreuilh , fes propres aveux, les difpofitions bien précifes de deux témoins, tout l'accable & le confond. Au refte, la léfion étoit prefque inutile à démontrer : Ce n'eft point fans intérêt qu'on brave , comme l'a fait le fieur Dubreuilh , & le refpect qu'on doit aux Loix, & celui qu'on doit aux actes ; & cet intérêt ne pouvoit être que l'envahiffement de la fortune du Chevalier de Saint-Léger.

Mais nous omettions un cinquième délit, qui fervira à prouver encore davantage les fraudes inouïes du fieur Dubreuilh. On verra en quoi il confifte par l'hiftoire compliquée que nous allons préfenter de l'une de fes opérations.

Le premier acte qu'il paffa avec le Chevalier de Saint-Léger , concernoit l'acquifition de deux rentes ; l'une de 132 livres fur les Cuirs ; l'autre de 542 l. 7 f. 3 d. fur les Aides & Gabelles. Mais il n'acheta d'abord que l'ufufruit de ces rentes fous le nom du fieur Mouton. Il l'acheta 2831 livres , & à la charge du réméré.

Quelque temps après la paffation de cet acte , le Chevalier de Saint-Léger eut befoin d'argent, & vint trouver le fieur Dubreuilh. Que fit alors ce Notaire ? C'eft ici qu'il faut fuivre fa marche. Il fe fit tranfporter, fous le nom du fieur Robin, la propriété de ces deux rentes , (dont il n'avoit acquis que l'ufufruit,) *moyennant* , eft-il dit, *la fomme de 15,247 livres 5 fols , en déduction de laquelle le Chevalier de Saint-Léger reconnoît avoir reçu, en efpèces fonnantes & ayant cours , la fomme de 12,386 livres 5 fols , dont il donne quittance ,* & quant aux 2831 livres reſtant, il eſt convenu que le nouvel acquéreur les gardera pour exercer le réméré ſur celui qui avoit précédemment acquis l'uſufruit. Voilà donc, d'après cet acte, *12,386 livres 5 ſols que le Chevalier de Saint-Léger reconnoît avoir reçues en eſpèces ſonnantes & ayant cours.*

Mais à côté de cet acte, on en a trouvé un autre qui contient le tranſport des mêmes rentes, & où le Chevalier de Saint-Léger *reconnoît avoir reçu*, non pas 12,386 *livres* 5 *ſols*, comme dans le premier, mais les *15,247 livres 5 ſols en eſpèces ſonnantes & ayant cours.* Pourquoi ces deux actes? Pourquoi cette différente énonciation dans chacun? Certainement les rentes n'ont pas été vendues deux fois; le Chevalier de Saint-Léger n'en a pas reçu deux fois le prix, ſavoir 12386 *livres* 5 *ſols*, une fois; & 15,247 *livres* 5 *ſols*, une autre. Mais tout cela prouve, d'une manière évidente, que le ſieur Dubreuilh abuſoit étrangement de la confiance de ce jeune homme, & qu'il lui faiſoit reconnoître le paiement de ſommes qu'il ne payoit réellement pas. Au ſurplus, nous obſerverons que les deux actes, dont nous venons de parler, ſont *écrits en forme notariale ſur papier non timbré*, que les dates de mois & de jour ſont *en blanc*, & que pour ſe ménager de nouveaux moyens de fraude, le ſieur Dubreuilh avoit auſſi laiſſé *en blanc le nombre des mots rayés.*

Occupons-nous actuellement des abus de confiance par leſquels il a cherché à deshonorer le Chevalier de Saint-Léger. Ce jeune homme a le droit d'en demander vengeance & de dénoncer à la Juſtice des Tribunaux celui qui, abuſant du puiſſant empire qu'il avoit uſurpé fur fon efprit, lui faifoit figner tous les actes qu'il vouloit, & livroit continuellement fon nom au mépris, & même à l'indignation publique. Nous ne citerons que deux faits ; voici le premier.

Une dame Barbery pourfuivoit le fieur Dubreuilh en reftitution de toute fa fortune. Celui-ci voulut fe venger, & chercha de tous côtés contre elle un titre qu'il pût mettre à exécution.

Il fe rappella que le fieur Delifle étoit porteur d'une obligation de 18,000 livres, foufcrite par la dame Barbery, dont le terme étoit échu. Alors il fe fit céder cette obligation en échange d'une autre créance ; fe la fit tranfporter fous le nom du Chevalier de Saint-Léger ; fit faifir, fous le même nom, les meubles de la dame Barbery ; vexa cette malheureufe femme de la manière la plus atroce ; & il jouiffoit avec complaifance de tout le mal qu'il faifoit, lorfqu'à la fin, le Chevalier de Saint-Léger, inftruit du rôle odieux qu'on lui faifoit jouer, força le fieur Dubreuilh de choifir un autre prête-nom.

Voici le fecond fait.

Le premier Avril 1784, le fieur Duverger ayant deffein de vendre fa charge d'Exempt de la Connétablie, fut adreffé au fieur Dubreuilh. Le fieur Dubreuilh fe chargea de lui trouver des acquéreurs, lui avança une fomme de 2850 livres, & lui demanda fa procuration pour traiter avec ceux qui fe préfenteroient ; mais il fe chargea de l'écrire lui-même, & au lieu de faire une procuration, il fit un acte de vente, qu'il fit figner au fieur Duverger. Celui-ci ne s'apperçut point de la prévarication ; il revint quelque temps après chez le fieur Dubreuilh, lui rendit l'argent qu'il avoit reçu, & demanda fa procuration, en difant qu'il avoit trouvé un acquéreur. Quel fut fon étonnement, lorfqu'il apprit

que c'étoit une vente qu'on lui avoit fait figner, &
que le *blanc* avoit été rempli du nom du Chevalier de
Saint-Léger. Révolté d'un pareil abus de confiance, il
termina fa vente avec le nouvel acquéreur qu'il avoit
trouvé. Mais que fit alors le fieur Dubreuilh ? Il fit
figner par le Chevalier de Saint-Léger une procuration
portant pouvoir de former oppofition à la vente de la
charge ; & l'oppofition fut formée. C'eft ainfi que le
Chevalier de Saint-Léger fervoit d'inftrument aux manœuvres du fieur Dubreuilh ; & il auroit pu finir par
en être la victime fi, averti des dangers qui le mena-
çoient, il ne fe fût empreffé de donner main-levée de
l'oppofition, & de fe défifter de la vente.

Tous ces actes, ainfi que ceux relatifs à la dame
Barbery, fe font trouvés fous les fcellés.

Terminons, par le récit d'une opération que le fieur
Dubreuil s'eft permife depuis qu'il n'eft plus Notaire,
le tableau des abus de confiance dont il s'eft rendu
coupable envers le Chevalier de Saint-Léger.

Il lui devoit une fomme de 600 livres, fur l'acquifition qu'il avoit faite, d'une de fes rentes. Mais il
faut obferver qu'il étoit dans l'habitude de faire acheter
à fes créanciers le droit d'être payés de ce qui leur étoit
dû. Et voici ce qui arriva.

Le Chevalier de Saint-Léger fe rend chez lui pour
toucher les 600 livres ; & la première condition qu'on
lui impofe pour les recevoir, eft de figner dix actes,
qui tous étoient préparés. La plûpart fe font trouvés
fous les fcellés, & les autres s'y trouveront.

Par exemple, cette fameufe rente fur les cuirs & les
gabelles, fur laquelle nous avons fait voir tout-à-
l'heure qu'il exiftoit deux actes qui prouvent que le
Chevalier de Saint-Léger a dû en recevoir deux fois le

prix & un prix différent ; cette rente a fourni au fieur Dubreuilh l'occafion de l'un de ces dix actes dont nous venons de parler. Il s'eft fait revendre une troifième fois cette rente déja deux fois vendue ; le prête-nom n'étoit pas le même, c'étoit le fieur Bézieres ; & comme il n'y a point de défiftement des premiers prêtes-noms, il faifoit du Chevalier de Saint-Léger un véritable ftellionataire.

A l'égard de quelques-uns des autres actes, entrons ici dans quelque détail ; & fur-tout qu'on ne perde pas de vue que tous ceux, dont nous parlerons, fe font trouvés fous les fcellés.

Le 8 Janvier 1784, le fieur Dubreuilh avoit fait figner au Chevalier de Saint-Léger une procuration tendante à dépouiller ce jeune homme d'une rente viagère fur le Roi, de 161 livres 17 fols, & à la tranfporter au fieur Bazin de la Repenelliere, prête-nom du Notaire, & prétendu créancier du Chevalier de Saint-Léger, d'une fomme de 1500 livres.... Quelque temps après, le 3 Avril, il fe fait foufcrire, apparemment pour plus de fûreté, & toujours fous le nom du fieur Bazin de la Repenelliere, une reconnoiffance de cette même fomme de 1500 livres, *avec promeffe*, eft-il dit, de la part du Chevalier de Saint-Léger, *de rendre cette fomme à volonté, notamment fur les deniers de la vente qu'il fe propofoit de faire, de 161 livres 17 fols de rente viagère fur le Roi....* Et enfin, le 21 Avril 1785, c'eft-à-dire le lendemain de la première plainte du Chevalier de Saint-Léger, il fe fait foufcrire par ce jeune homme, (ce qui étoit plus sûr encore), la vente de cette rente viagère de 161 livres 17 fols ; & ce n'eft plus le fieur Bazin de la Repenelliere qui lui fert de prête-nom ; c'eft le fieur Wermeifter, fon commis. Que d'actes pour parvenir à dépouiller le Chevalier de Saint-Léger d'une rente de 161 livres 17 fols ! 1°. *Procuration* au fieur Bazin, prête-nom du Notaire ; 2°. reconnoiffance au fieur Bazin, toujours prête-nom du Notaire : 3°. vente au fieur Wermeifter, autre prête-nom du Notaire : & cet acte n'eft pas le dernier ; il lui en fait figner un dont *les dates du lieu, du jour & de l'année font en blanc*, à l'effet d'approuver & de ratifier la vente de cette rente. Mais ce dernier acte a auffi rapport à plufieurs autres, dont nous allons parler.

Il s'en eft trouvé deux du même jour, c'eft-à-dire du 11 Mars 1784, tous deux paffés pardevant le fieur Dubreuilh, fignés du Chevalier de Saint-Léger, & contenant tranfport, l'un d'une rente perpétuelle de 101 livres fur les Aides & Gabelles, au profit du fieur Bazin fon prête-nom ; l'autre, de la jouiffance à faculté de réméré, de 350 livres de rente perpétuelle dûes par les fieur & dame Tremeaux, encore au profit du fieur Bazin. Et le 21 Avril 1785, il fe fait foufcrire, toujours fous le nom du fieur Bazin, la vente de la propriété de cette dernière rente ; en fait ratifier la vente par cet acte que nous avons rapporté plus haut, dont les *dates de lieu, de jour & d'année font en blanc* ; & fait auffi ratifier par ce même dernier acte, la vente de la rente perpétuelle de 101 livres.

Enfin, non content de cet acte de ratification, il fait encore foufcrire par le Chevalier de Saint-Léger, une procuration dont toutes les dates font en *blanc*, ainfi que le nom du Procureur ; & l'effet de cette procuration eft de prendre en communication tous les tranfports mentionnés dans l'acte de ratification, & de les ratifier, & approuver dans tout leur contenu,

Il fait plus. Suppofant qu'une perfonne a fervi de caution au Chevalier de Saint-Léger, à raifon de tous les tranfports qu'il a paffés, il lui fait figner un acte par lequel il promet *d'honneur, rembourfer , acquitter & garantir* cette caution, dont le nom eft en *blanc* , de toutes les fommes qu'elle fe trouvera être obligée de payer.

Ainfi, comme l'on voit, la conduite du fieur Dubreuilh eft un perpétuel enchaînement de manœuvres, de fraudes, pour envahir la fortune du Chevalier de Saint-Léger. Lorfqu'il a imaginé une fuite d'actes frauduleux pour parvenir à une déprédation, il en imagine d'autres encore pour n'en pas perdre le fruit, enforte que, pour nous fervir des expreffions énergiques du Défenfeur de l'un des accufateurs (1) , *cet homme fembloit ne dormir que pour rêver aux déprédations qu'il vouloit commettre , & ne veiller enfuite que pour les exécuter.*

§. I I I.

Preuves de l'ufure.

C'étoit peut-être dans cet article qu'il falloit ranger tous les actes de ventes que le fieur Dubreuilh a fait foufcrire au Chevalier de Saint-Léger, actes vraiment *ufuraires* , puifqu'il abufoit des befoins de ce jeune homme pour acheter toutes fes rentes au plus vil prix, & le dépouiller ainfi de toute fa fortune. Mais nous fuivons exactement la marche que le fieur Dubreuilh nous a tracée dans fa défenfe, pour ne

---

(1) M⁰ Rimbert.

pas

pas être accufé de négliger de répondre à quelques-uns de fes faits.

Voici donc le fait particulier auquel feul il a donné la dénomination *d'ufure*. Le Chevalier de Saint-Léger & le fieur Coquillard, ancien Procureur du Roi d'Aix, avoient enfemble des lettres-de-change accep-tées par le fieur Brillon Duperron, Receveur des Dé-cimes de Paris, & montant à 12,500 livres. Ils vont trouver le fieur Dubreuilh, pour le prier de les ef-compter, & celui-ci les efcompte en effet *à 25 ou 30 pour cent.* Voilà très-certainement une *ufure* bien caractérifée.

Le fieur Dubreuilh a répondu à cette accufation par un argument qu'il a cru victorieux. Vous m'accufez, a-t-il dit, d'avoir pris 25 pour cent d'efcompte fur des lettres-de-change montant à 12,500 livres; mais fi cela eft, vous n'avez dû recevoir que 9400 liv.; cependant vos témoins ont dû dépofer que vous n'avez remis que 6000 livres au fieur Duperron; accordez-vous donc avec eux; il eft évident qu'on trouve ici de la contradiction; vous êtes donc des calomniateurs.

Un mot de réponfe fuffit pour faire difparoître cette même contradiction, que le fieur Dubreuilh prétend appercevoir entre le fait articulé par le Chevalier de Saint-Léger, & le fait attribué aux témoins. S'ils dé-pofent que le Chevalier de Saint-Léger a remis en-viron 6000 livres au fieur Dubreuilh, ils ne dépo-fent point qu'il n'en avoit pas reçu davantage; & cela eft fi vrai, que le fieur Didiot, l'un des témoins, qui a dû déclarer qu'il n'avoit été remis que 6000 l. environ au fieur Duperron, a dû dépofer auffi que le fur-plus des fonds, *fauf l'efcompte ufuraire*, avoit été touché par les fieurs Coquillard & de Saint-Léger. En effet, le fieur Duperron ayant touché 6000 livres fur les 9400 liv., prêta le refte au Chevalier de St-Léger, qui lui en fit fon billet, en vertu duquel il fut même depuis pourfuivi pardevant les Juges-Confuls.

Ainfi, il ne faut pas faire dire aux témoins ce que ces témoins n'ont pas dit. Ils n'ont pu dépofer que le fieur Dubreuilh avoit remis feulement une fomme de 6000 livres au Chevalier de Saint-Léger, puifque l'un d'eux a dû déclarer pofitivement qu'outre cette fomme, qui avoit été touchée par le fieur Duperron, il avoit été touché, par le Chevalier de Saint-Léger, celle qui, avec la première, faifoit environ les 9400 livres.

D'ailleurs ce même témoin a dû ajouter un autre fait très-effentiel, & qui prouve que fon intention n'a jamais été de déclarer que le fieur Dubreuilh n'avoit remis que 6000 livres au Chevalier de Saint-Léger. Il a dû dépofer deux chofes, la première, qu'étant allé trouver le fieur Dubreuilh, pour lui demander quels étoient les arrangemens qu'il vouloit prendre, relativement à l'ufure qu'il avoit exercée contre le fieur Brillon Duperron, ce Notaire lui avoit répondu qu'en effet il n'avoit fourni qu'aux environs de 9000 l. pour valeur des 12,500 l. de lettres-de-change ; la feconde, qu'étant retourné le voir, dans les Prifons du Châtelet, pour faire les mêmes propofitions, le fieur Dubreuilh avoit nié fon premier aveu, étoit convenu avoir réellement donné 10,800 livres, *tant en efpèces qu'en intérêts*, & avoit propofé de remettre 1600 liv. au fieur Duperron. Si l'on en croit ce témoin, le fieur Dubreuilh avoit donc, de fon propre aveu, ufuré de 1600 livres au moins.

Si on l'en croît, le fieur Dubreuilh étoit même convenu auparavant qu'il n'avoit réellement fourni qu'aux environs de 9000 liv. Et comment ne pourroit-on pas ajouter foi à la dépofition de ce témoin, lorfque, fuivant l'expreffion des Jurifconfultes, la *coutume de fénérer*, qui eft une des preuves de l'ufure, eft démontrée par tous ces actes frauduleux & ufuraires, que le fieur Dubreuilh a fait foufcrire au Chevalier de Saint-Léger ; lorfque le fieur Brillon Duperron, qui a prêté à-peu-près 3000 l. au Chevalier de Saint-Léger, fur les 12,500 livres de lettres-de-change, a dû dépofer qu'il n'avoit reçu que 6000 livres ; lorfqu'enfin un témoin, que nous avons déjà cité, le fieur Rofe de Saint-Jullen a dû dépofer, que le fieur Dubreuilh a *ufuré le Chevalier de Saint-Léger autant qu'on peut le faire ?*

Ne font-ce pas-là des preuves bien complettes de l'ufure, de ce crime, *d'autant plus dangereux dans la Société*, dit Serpillon, *qu'il eft difficile à prouver ?*

La difficulté de raffembler des preuves fur cette efpèce de délit, a même fait établir, pour principe, que fix perfonnes, dépofant dans leur propre caufe, & par conféquent *de faits finguliers & féparés*, fourniffoient une preuve complette de l'*ufure*. Dès-lors, les preuves que nous apportons, doivent avoir une grande force, & quoique nous ne foyons pas dans le cas de demander que les rigueurs de la Loi fléchiffent en leur faveur, la liberté que nous aurions de le faire doit fervir du moins à leur donner un grand poids.

L'usure eft donc auffi claire que les *abus de confiance & la fuppreffion de minutes*. Refte le *faux*, qui a été commis fur l'une de ces minutes.

D 2

§. I V.

Preuves du faux.

Le fieur Dubreuilh convient lui-même de l'addition qu'il a faite fur une minute. L'acte, dit-il, contenoit à mon profit, fous un nom emprunté, le tranfport de l'ufufruit & jouiffance de deux portions de rente, & il étoit exprimé que ce tranfport dureroit JUSQU'APRÈS L'ÉPOQUE CI-APRÈS FIXÉE ; mais l'acte ne difoit plus rien du terme de cette époque. En le relifant, j'ai cru devoir le fixer ; je l'ai fait en préfence des Parties, à l'époque de la paffation du contrat ; j'ai effacé ces mots , JUSQU'APRÈS L'ÉPOQUE CI-APRÈS FIXÉE, que j'ai remplacés par ceux-ci , PENDANT LA VIE DUDIT CÉDANT. Où eft mon crime ?

Son crime eft d'avoir commis un véritable *faux*, & de venir encore en impofer fur les circonftances dans lefquelles il l'a commis.

D'abord on voit la différence extrême qui exifte entre ces mots , JUSQU'APRÈS L'ÉPOQUE CI-APRÈS FIXÉE, & ceux-ci PENDANT LA VIE DUDIT CÉDANT. Avec les premiers, la jouiffance peut n'avoir qu'un terme fort court ; avec les feconds, au contraire, elle n'en a point d'autre que *la vie du cédant*, qui peut être fort longue. On ne peut donc pas employer indifféremment les uns ou les autres de ces mots. Les feconds font bien plus avantageux que les premiers à l'acquéreur ; & il n'en faut pas davantage pour expliquer l'intérêt qu'on a pu avoir de les changer.

Mais, dit le fieur Dubreuilh, je les ai ajoutés en préfence des Parties, & à l'inftant même de la paffation de l'acte. Cela n'eft point vrai ; & ce n'eft pas un feul témoin qui le contredit fur ce point, comme on l’a prétendu à l’audience ; il y en a deux qui doivent dépofer à cet égard d’une manière uniforme.

Le fieur de Seigne a dû déclarer qu’il avoit vu faire l’addition ; or il n’a pu être témoin de ce fait que long-temps après la paffation de l’acte ; car c’eft bien poftérieurement qu’il eft entré chez le fieur Dubreuilh pour lui fervir de Commis. L’addition n’a donc point été faite lors de la paffation de l’acte.

Et cette vérité doit encore être confirmée par la dépofition du fieur Lemorre. En effet, le tranfport dont il s’agit avoit été fait au profit du fieur Dubreuilh le 3 Août 1783 , & le 13 du même mois il fut cédé au fieur Abbé de Viennay, *pendant la vie de cet Eccléfiaftique* (ce qui, pour le dire en paffant, eft affez extraordinaire, car en fuppofant que ces mots *pendant la vie du cédant* fe trouvâffent dans le premier Acte, la vie du Chevalier de Saint-Léger pouvoit être plus courte que celle de l’Abbé de Viennay, & par conféquent abréger la jouiffance de celui-ci ; mais nous aurions trop à faire de relever tout ce qui fe trouve de répréhenfible dans les différentes opérations du fieur Dubreuilh, il fuffit de nous occuper de celles qui fe rapportent directement à nous). La jouiffance de ces rentes étant donc tranfportée à l’Abbé de Viennay, le fieur Lemorre fe chargea de lui en faire toucher le montant ; mais il doit apprendre à la Juftice, dans fa dépofition, que lorfqu’il communiqua aux payeurs les pièces juftificatives de fes droits, elles furent mifes au rebut, parce que *l’extrait du tranfpo t fait par le fieur de Saint-Léger au profit du fieur Mouton, prête-nom du fieur Dubreuilh, ne défignoit point fur quelle tête la jouiffance vendue par le Chevalier de Saint-Léger devoit avoir lieu.* Il eft donc bien démontré par-là que ces mots

PENDANT LA VIE DUDIT CÉDANT n'exiſtoient point encore ſur la minute du tranſport, puiſqu'on ignoroit ſur quelle tête la jouiſſance devoit avoir lieu. Ils ont donc été ajoutés après coup.

A cette preuve irréſiſtible, nous en joindrons une autre plus frappante encore. On a trouvé, ſous les ſcellés, une expédition de la minute ſur laquelle l'addition a été faite; & cette expédition ne contient que ces mots, JUSQU'APRÈS L'ÉPOQUE CI-APRÈS FIXÉE , & non ceux qui ſe trouvent ſur la minute, PENDANT LA VIE DUDIT CÉDANT. Or, n'eſt-il pas évident que ſi ces derniers mots euſſent été ajoutés en préſence des Parties & lors de la paſſation de l'acte, ils ſe trouveroient ſur l'expédition qui doit toujours être conforme à l'original ? Ils ne s'y trouvent pas. Il ont donc été frauduleuſement ajoutés.

Le ſieur Dubreuilh, qui a réponſe à tout, a prévu que ſi l'on découvroit cette expédition, on en tireroit contre lui un grand argument; & il en a préparé d'avance la ſolution.

Suppoſons, a-t-il dit, que j'aie ſuppléé, après coup & hors la préſence des Parties, l'omiſſion qui ſe trouvoit ſur la minute, il n'y auroit point là de faux. *Falſum eſt actus doloſus animo corrumpendi veritatis , in præjudicium alterius, adhibitum.* Il faut donc prouver & le dol de ma part, & le préjudice que vous ſouffrez.

Nous ne croyons pas qu'une pareille maxime puiſſe être adoptée dans les Tribunaux. Les dangers qu'elle entraîneroit ſeroient d'une conſéquence trop funeſte. Souvent l'intérêt de celui qui trompe ne ſe découvre pas dans le premier inſtant où il trompe; & par la même raiſon, le préjudice que l'on éprouve ne ſe fait ſentir que longtemps après qu'il a été porté. Il faudroit donc garder le ſilence ſur le faux dont on auroit la preuve !

il faudroit même attendre que le mal que l'on prévoit fût arrivé! il est impossible de faire consacrer de pareilles idées. Le faux est tout ce qui altère ou détruit la vérité ; FALSUM EST VERITATIS IMMUTATIO ; & il est important de ne pas lui donner d'autre définition ; il est important surtout que les hommes publics regardent comme sacrés tous les mots des Actes qu'ils rédigent, ou dont ils sont les dépositaires. Si la plus grande sévérité ne leur commandoit point à cet égard la plus grande retenue, bientôt une licence dangereuse se glisseroit dans la rédaction des actes ; on se croiroit permis d'ajouter quatre mots, quand on en auroit ajouté deux. Le Notaire qui trouveroit une clause obscure, voudroit la développer à son gré ; il oublieroit que ce n'est point à lui, mais aux Magistrats que ce soin est réservé ; que son ministère est d'écrire, le leur d'interprêter ; qu'enfin il doit se borner à rendre compte de la volonté des hommes qui existent, & qu'eux seuls ont le droit d'interroger cette volonté & dans ceux qui existent, & dans ceux qui n'existent plus.

Cependant le sieur Dubreuilh s'est appuyé ici du propre suffrage des Magistrats. Il a cité un Arrêt de la Grand'Chambre, rendu l'année dernière qui, suivant lui, a consacré ses principes sur le faux. Mais nous avons fait voir à l'Audience qu'il n'y avoit aucune identité entre l'espèce de cet Arrêt & la nôtre ; il s'agissoit de savoir si les rectifications faites sur un Acte avoient été consenties par les Parties, & si elles étoient exactes. D'ailleurs l'Arrêt n'a prononcé qu'un *sursis*, jusqu'au Jugement de l'instance pendante devant les premiers Juges, de laquelle dépendoit la question de savoir si la rectification étoit exacte ou non.

On voit donc que l'efpèce & l'Arrêt n'ont pas la moindre application à notre Caufe.

Il s'agit ici d'un Notaire, qui de fon propre mouvement, fe permet de faire après coup & hors la préfence des Parties, une addition dans un Acte qui le concerne perfonnellement. C'eft là un abus odieux de fon miniftère & un véritable *faux*.

Maintenant le Chevalier de Saint-Léger a-t-il intérêt de s'en plaindre ? Suivant le fieur Dubreuilh, étant dépouillé de l'ufufruit & de la propriété, fon intérêt eft illufoire & fa plainte fans fondement.

Mais il n'y qu'un mot à répondre à cela. Le faux qui a été commis, a été le motif du fecond Acte en vertu duquel le Chevalier de Saint-Léger a cédé la propriété des rentes dont il avoit d'abord cédé l'ufufruit. Se voyant entièrement privé de l'efpérance de rentrer dans la jouiffance de ces rentes, s'en voyant privé par cette addition frauduleufe qu'il a dénoncée à la Juftice, il a confenti plus facilement à fe laiffer dépouiller de la propriété. C'eft le premier délit du fieur Dubreuilh qui, pour le même objet, a caufé le fecond malheur du Chevalier de Saint-Leger; il a donc le plus grand intérêt à demander vengeance de ce délit.

Tout eft donc prouvé; & le *faux*, & la *fuppreffion de minute*, & l'*ufure*, & les *abus de confiance*.

Le faux eft prouvé, foit par les dépofitions des témoins, foit par cette expédition, différente de l'original, qui s'eft trouvée fous les fcellés.

La suppression de minute eft prouvée par l'aveu du fieur Dubreuilh lui-même. Il a dit, dans une de fes Requêtes, que la minute, réclamée par le Chevalier de

Saint-Léger,

Saint-Léger, étoit dans un carton dépofé au Greffe; or ce carton ne renferme que les papiers tranfportés chez la dame Gruel, rue Bourbon-Villeneuve, & parconféquent fupprimés. Dès que la minute fe trouve parmi ces papiers, elle a donc auffi été fupprimée.

L'usure doit être prouvée clairement par les témoins; & les preuves font même plus fortes que la Loi ne les exige ordinairement pour cette efpèce de délit.

Enfin l'abus de confiance eft prouvé, foit par les témoins, foit par les aveux mêmes du fieur Dubreuilh; foit enfin par cette foule d'actes *en blanc* trouvés fous les fcellés; par ces ratifications dont toutes les dates font auffi *en blanc*; par ces procurations également *en blanc*; en un mot, par toutes ces coupables précautions qu'il employoit pour conferver le fruit de fes déprédations. Il eft démontré qu'en même-temps qu'il ruinoit le Chevalier de Saint-Léger, il cherchoit à le déshonorer; & il trouvoit prefque autant d'avantage à compromettre l'honneur de ce jeune homme qu'à le dépouiller de fa fortune; car il ne le déshonoroit que pour fe procurer les moyens d'exercer fur d'autres perfonnes de nouvelles déprédations.

Accablé fous le poids de tant de preuves, le fieur Dubreuilh efpère-t-il obtenir de la Juftice la converfion de fon décret de prife de corps en décret d'ajournement perfonnel? L'obtiendra-t-il, lorfque tant de délits font démontrés, & que tous ne le font pas encore, puifque *la defcription*, qui en a découvert un grand nombre, n'eft point encore achevée? L'obtiendra-t-il enfin, lorfque de tous les délits, dont nous avons apporté la preuve, un feul juftifieroit la rigueur qu'il éprouve?

E

Non-feulement il eft impoffible qu'il réuffiffe dans fon appel , mais il feroit dangereux qu'il pût y réuffir. Sa perfonne eft le gage le plus précieux que puiffent avoir fes créanciers ; tant qu'ils le conferveront, ils ont l'efpoir de recouvrer une partie de leur fortune ; & fi le fieur Dubreuilh pouvoit jamais leur échapper , qui répondra que pour échapper lui-même aux recherches des Loix , il ne fe déroberoit pas à fes créanciers , lui & tout ce qui leur appartient ?

Au refte, il a dit lui-même , dans un Mémoire qu'il a fait imprimer l'année dernière pour fa juftification, que_ le *titre feul de deux chefs d'accufations* (c'eft-à-dire de *LA SUPPRESSION DE MINUTES ET DU FAUX*) *, pourroit abfolument juftifier la rigueur avec laquelle on l'a traité.* * Que diroit-il donc , s'il eût entendu la preuve de ces deux efpèces de délits ? Que diroit-il, s'il eût entendu également la preuve des deux autres chefs d'accufation, de L'USURE & de L'ABUS DE CONFIANCE ? Il a donc figné lui-même fa condamnation ; c'eft aux Magiftrats à confacrer le Jugement qu'il a porté.

* Voyez p. 13.

Qu'après la révélation folemnelle qui leur a été faite de tous les délits de cet ancien Officier public, ils donnent à la Société un exemple mémorable de fon zèle à veiller à fes intérêts ; qu'ils lui prouvent que ce n'eft point impunément qu'on trahit fa confiance; qu'ils apprennent enfin à cette claffe d'hommes , dépofitaires de tous fes droits, à marcher fous une crainte falutaire.

L'un des Parlemens de ce Royaume a cru devoir prévenir les allarmes des citoyens , en affujettiffant les Notaires à des formalités qui leur ôtent le pouvoir de commettre des abus. Toutes les fois qu'un Notaire

fe choifit un fuccefleur ou eft enlevé par la mort , tous
fes actes font fcrupuleufement examinés par le Juge,
& le Procès-verbal qui en contient le relevé eft dépofé
dans le Greffe de la Jurifdiction où il réfide.

Ce n'eft point-là que fe borne la fage prévoyance
du Parlement de Rouen. Les Notaires de fes différens
Bailliages font obligés de faire relier leurs minutes;
& tous les fix mois ils les apportent au Juge , pendant le tems des Affifes , pour les faire coter & pa-
rapher.

Quant aux Notaires de la Ville de Rouen , l'un
d'eux , à chaque mutation d'office , dreffe un état des
minutes qui font délaiffées ; & en faifit enfuite le
fuccefleur.

Ce n'eft pas tout : chaque année , les Notaires de
cette Ville apportent tous les actes qu'ils ont reçus
au dépôt public de la voûte du Palais ; & ces actes
y font religieufement gardés , comme autrefois les
Tables de la Loi dans l'Arche de l'alliance.

Tant de formalités commandent la vertu aux Notaires. Les fuppreffions de minutes deviennent im-
poffibles ; & l'on penfe bien que la plus grande fidélité
eft obfervée dans des actes qui doivent être foumis à
l'infpection de la Juftice.

Les Magiftrats, Juges du Chevalier de Saint-Léger,
n'ont point établi ces formalités. Ils y fuppléent par
une vigilance active & fans bornes , qui femble donner
un luftre de plus aux fonctions des Notaires , & les
honore davantage eux-mêmes. Mais le zèle qui veille
de tout fon pouvoir pour empêcher les prévarications,
doit punir févèrement ceux qui trompent fa furveillance.
Cette jufte rigueur, le bien public la follicite aujourd'hui
contre le fieur Dubreuilh. Elle fera une grande leçon

pour les Notaires, en même-tems qu'un figne écla-
tant de l'attention des Magiftrats à fervir & à pro-
téger les citoyens. *Signé,* CHAUVETON, Chevalier
de Saint-Léger.

Monfieur HÉRAULT DE SÉCHELLES,
Avocat - Général.

Mᵉ. GODARD, Avocat.

FLAMENT, Procureur.

CONSULTATION.

LE CONSEIL fouffigné, qui a lu le préfent
Mémoire,

EST d'avis que la *fuppreffion de Minutes*, *l'abus de*
confiance, *l'ufure* & le *faux*, font demontrés d'une
manière évidente ; & que le fieur Dubreuilh ne peut
réuffir dans l'appel du Décret de prife-de-corps décerné
contre lui, à la requête du Chevalier de Saint-Léger.

Délibéré à Paris, le 2 Avril 1786.

THÉTION.   MARCILLY.

De l'Imprimerie de CLOUSIER, Imprimeur du ROI,
rue de Sorbonne.